Entrenamiento en habilidades básicas del psicólogo clínico-sanitario

Descubre cómo empezar en el ámbito de la Salud Mental

Dr. Juan Moisés de la Serna

www.juanmoisesdelaserna.es

Prefacio

En este libro se abordan los aspectos básicos que debe conocer un profesional que quiera adentrarse en el ámbito de la salud mental, especialmente desde la Psicología Clínica.

Un libro introductorio para el ejercicio profesional que muestra la bases en las que se sustenta el diagnóstico e intervención en una de las especialidades más demandadas de psicología.

Sin duda una ayuda para aquellos que se inician o que sienten curiosidad sobre la forma de trabajo en la práctica clínica.

Sumario

Dedicado a mis padres

Agradecimientos

Aprovechar desde aquí para agradecer a todas las personas que han colaborado con sus aportaciones en la realización de este texto, especialmente al Dr. David Lavilla Muñoz, Profesor Titular de Comunicación Digital y Nuevas Tendencias de la Universidad Europea y a Dª Daniela Galindo Bermúdez, Presidente de Hablando con Julis: la solución para la comunicación y el aprendizaje de personas con discapacidad.

Aviso Legal

No se permite la reproducción total o parcial de este libro, ni su incorporación a un sistema informático, ni su transmisión en cualquier forma o por cualquier medio, sea éste electrónico, mecánico, por fotocopia, por grabación u otros medios, sin el permiso previo y por escrito del titular del copyright. La infracción de los derechos mencionados puede ser constitutiva de delito contra la propiedad intelectual (Art. 270 y siguientes del Código Penal).

Diríjase a C.E.D.R.O. (Centro Español de Derechos Reprográficos) si necesita fotocopiar o escanear algún fragmento de esta obra. Puede contactar con C.E.D.R.O. a través de la web www.conlicencia.com o por el teléfono en el 91 702 19 70 / 93 272 04 47.

Capítulo 1. Bases del manejo de los manuales de diagnóstico D.S.M.-V y C.I.E.-10

Si bien ya habíamos empezado a ver en el tema anterior sobre qué eran los manuales de diagnóstico clínico más empleados, en este apartado se abordará sobre su estructura y forma de funcionamiento, para lo cual analizaremos cada uno de forma individualizada, sabiendo que va a ser el manual de referencia obligatoria para poder establecer un diagnóstico al respecto.

Antes de empezar, resaltar las bondades de emplear un manual estandarizado, si bien cada profesional podría llevar su propio "sistema" de clasificación, cuando un paciente es transferido a otro profesional, o en el caso en que se tenga que hospitalizar por un cuadro agudo, es imprescindible que exista un consenso sobre su historial clínico.

Los síntomas que puede padecer una persona pueden ser crónicos o agudos, los primeros hacen referencia a un padecimiento más a largo plazo, normalmente con una baja o media intensidad y que suelen requerir también de una menor intervención de tipo psicofarmacológica.

En cambio, cuando se habla de casos agudos, son momentos puntuales de mucha sintomatología a la vez y normalmente muy intensa, tal es el caso de un brote psicótico, o del Delirium tremens.

El primero denominado Trastornos psicóticos agudos y transitorios hace referencia (F23) según el C.I.E.-10:

"Grupo heterogéneo de trastornos caracterizados por el inicio agudo de síntomas psicóticos tales como ideas delirantes, alucinaciones y alteraciones en la percepción, y por la grave perturbación del comportamiento ordinario. El inicio agudo se define como un desarrollo in crescendo de un cuadro clínico claramente anormal en unas dos semanas o menos. Para estos trastornos no hay pruebas de una causa orgánica. A menudo hay perplejidad y desconcierto, pero la desorientación en tiempo, lugar y persona no son lo suficientemente persistentes o graves para justificar un diagnóstico de delírium de causa orgánica (F05.-). Habitualmente se produce una recuperación completa en pocos meses, a menudo en pocas semanas e incluso días. Si el trastorno persiste hay que cambiar el diagnóstico. El trastorno puede o no asociarse con estrés agudo, que se define como la presencia de acontecimientos estresantes habituales que preceden una o dos semanas al inicio del cuadro.

G1. Inicio agudo de ideas delirantes, alucinaciones, discurso incomprensible o incoherente, o de cualquier combinación de éstos. El intervalo de tiempo entre la manifestación de algún síntoma psicótico y la presentación del trastorno, completamente desarrollado, no debe exceder las dos semanas.

G2. Si se presentan estados transitorios de perplejidad, falso reconocimiento o déficit de atención o concentración, dichos estados no cumplen criterios de cuadro confusional de causa orgánica, tal como se especifica en F05.-, criterio A.

G3. El trastorno no cumple criterios de episodio maníaco (F30.-), episodio depresivo (F32.-), o trastorno depresivo recurrente (F33.-).

G4. No hay pruebas suficientes de consumo reciente de sustancias psicoactivas para satisfacer los criterios de intoxicación (Flx.O), consumo perjudicial (Flx.l), síndrome de dependencia (Flx.2) o síndromes de abstinencia (Flx.3 y Flx.4). El consumo continuado de alcoholo drogas en cantidades moderadas y constantes, o con la frecuencia a la que el sujeto está acostumbrado, no descarta necesariamente el uso de F23. Esto debe decidirse en función del juicio clínico y de los requisitos del proyecto de investigación en cuestión.

G5. Criterio de exclusión usado con más frecuencia. Ausencia de un trastorno mental orgánico (FOO-F09) o de una alteración metabólica grave que afecte al sistema nervioso central (no se incluye el parto).

Debe utilizarse un quinto carácter para especificar si el inicio agudo del trastorno se asocia con estrés agudo (que se produce dos o menos semanas antes de que haya pruebas de los primeros síntomas psicóticos):

F23.xO Sin estrés agudo asociado.

F23.xl Con estrés agudo asociado.

Con fines de investigación se recomienda que el cambio del trastorno de un estado no psicótico al de claramente psicótico se especifique más como súbito (inicio en 48 horas) o agudo (inicio en más de 48 horas, pero en menos de dos semanas"

Con respecto al Delirium tremens, este puede producirse por el consumo de sustancias como los barbitúricos o como parte del proceso de la abstinencia cuando se trata de abandonar la adicción al consumo del alcohol. Al respecto, y según el C.I.E.-10:

FIO.) Síndrome de abstinencia al alcohol

A. Deben cumplirse los criterios generales del síndrome de abstinencia (Flx.3).

B. Tres de los siguientes signos deben estar presentes:

1. Temblor de la lengua, párpados o de las manos extendidas.

2. Sudoración.

3. Náuseas, arcadas o vómitos.

4. Taquicardia o hipertensión.

5. Agitación psicomotriz.

6. Cefalea.

7. Insomnio.

8. Malestar o debilidad.

9. Ilusiones o alucinaciones transitorias visuales, táctiles o auditivas.

10. Convulsiones de gran mal.

Nota diagnóstica

Si existe delírium, el diagnóstico será síndrome de abstinencia al alcohol con delírium (delírium tremens) (FIOA)."

Complementando con el anterior hay una categoría específica para cuando aparece el delirium en el proceso de abstinencia:

F1x.4 Síndrome de abstinencia con delirium

"Condición donde el síndrome de abstinencia, definido con el cuarto carácter común .3, se complica con un delírium, como está definido en F05. También pueden producirse convulsiones. Esta condición debe clasificarse en F05.S cuando se considere que factores orgánicos también pueden estar jugando un papel en la etiología.

Delírium tremens (inducido por alcohol)".

Precisamente este delirium que no se presenta en todos los alcohólicos, va a ser uno de los principales acicates a la hora de dejar esta adicción, aunque en este proceso existe muchos factores más que facilitan la no recuperación y la recaíca en la adicción.

Tal y como se está señalando, uno de los grandes problemas de las adicciones son las recaídas, es decir, volver a la consumir alcohol, en el caso de la adicción a la bebida.

De hecho, en los programas de desintoxicación

de Alcohólicos Anónimos se celebran los años que la persona lleva sin beber, como algo excepcional.

El primer año sobrio, el segundo... sabiendo que, en cualquier momento, puede recaer, aun habiendo pasado años sin probar el alcohol.

Estudios anteriores afirman que algunos factores de la personalidad pueden ayudar a mantener sin caer en el alcohol durante mucho tiempo, ¿Pero qué factores de personalidad sirven para evitar la recaída?

En éste estudio recientemente publicado en la revista Psychology, por la Universidad de Montpellier y San Etienne se analizaron dos características de personalidad la estabilidad emocional y la capacidad de tener relaciones estables, siguiendo la bibliografía existente que afirmaba que eran precisamente estos dos factores de la personalidad los que se ha comprobado que eran mejor predictores de la ausencia de recaídas en el alcoholismo a lo largo del tiempo.

En el estudio participaron 144 personas que habían sido tratadas de su adicción al alcohol, 51 de ellas llevaban como media 2 años sin probar el alcohol y el segundo grupo con 93 participantes acababan de desintoxicarse del alcohol.

A todos se les administró un exhaustivo cuestionario de personalidad para comprobar si existían diferenciase entre ambos grupos, sabiendo que la única explicación de las mismas sería el haber tenido o no recientemente una experiencia con el alcohol.

Los datos muestran significativos cambios entre los dos grupos, en neuroticismo, cordialidad y concienciación.

Los que acababan de dejar el alcohol mostraban significativa niveles más altos de neuroticismo, relacionados con una mayor inestabilidad emocional, con falta de control de los impulsos, con estrés e ideas irracionales.

Los miembros del grupo que llevaban más tiempo sin beber mostraban más cordialidad, esto es, tenían una mayor tendencia al altruismo, estando dispuesto a ayudar a otros, aspecto necesario para interactuar positivamente con los demás y ayuda a la establecer relaciones sociales duraderas.

Con respecto a la concienciación, presente en mayor medida en las personas que llevan más tiempo sin probar el alcohol, está correlacionado con mayores niveles de autoestima, con cuidado sobre su imagen personal, actuando desinteresadamente por los demás, lo que va a facilitar establecer relaciones duraderas.

Estos tres aspectos de la personalidad diferenciados entre los que acaban de dejar el alcohol frente a los que llevan dos años explicarían las diferencias ambas medidas, siendo el grupo de los abstemios de larga duración los que mostraban mayor estabilidad emocional y relaciones sociales estables.

Aunque como indica el estudio, unos pocos factores no van a determinar un cambio de personalidad total, si lo hace en los elementos implicados en facilitar la estabilidad emocional y las relaciones sociales duraderas, que con anterioridad se ha mostrado que son buenos predictores de la abstinencia a largo plazo, es decir, estos cambios pequeños en algunos factores de la personalidad facilitan que no se produzcan recaídas en el caso de la adicción al alcohol.

Lo que el estudio no comenta, es si ese factor de protector contra recaídas de personas que han sido adictas al alcohol, sirve para distinguir entre la población en riesgo de ser adicto o no, esto es, si es posible saber fijándonos en estos factores de personalidad si la persona puede ser adicta al alcohol mucho antes de que empiece a beber. Esto sería importante a la hora de poder establecer planes de prevención casi personalizados para la población más sensible por sus rasgos de personalidad, a sucumbir ante éste tipo de adicción.

Bien, volviendo al caso de este apartado, vamos a ver la estructura del C.I.E.-10 para familiarizarnos con este manual de diagnóstico:

Lo primero que hay que decir al respecto es que fue editado por la Organización Mundial de la Salud (O.M.S.) y que su última versión es de 1992.

Está dividido en 22 títulos, que abarcan toda la "problemática" de salud que se puede presentar en cualquier momento de la vida, alguna de las cuales está separado por sistemas afectados (Grupo XI. Enfermedades del sistema circulatorio; Grupo X. Enfermedades del sistema respiratorio).

Con respecto a la Psicología Clínica el apartado correspondiente es el del código V. Trastornos mentales y del comportamiento (F00-F99).

En este apartado se subdivide en función de la problemática que atiende:

- F00-F09. Trastornos mentales orgánicos, incluidos los trastornos sintomáticos

- F10-F19. Trastornos mentales y de

comportamiento debidos al consumo de psicotrópicos

- F20-29. Esquizofrenia, trastornos esquizotípicos y trastornos delirantes

- F30-39. Trastornos del humor (afectivos)

- F40-49. Trastornos neuróticos, trastornos relacionados con el estrés y trastornos somatomorfos

- F50-59. Síndromes del comportamiento asociados con alteraciones fisiológicas y factores físicos

- F60-69. Trastornos de la personalidad y del comportamiento en adultos

- F70-79. Retraso mental

- F80-89. Trastornos del desarrollo psicológico

- F90-F98. Trastornos emocionales y del comportamiento que aparecen habitualmente en la niñez o en la adolescencia

- F99. Trastornos mentales sin especificar

A su vez dentro de esta agrupación, se incluyen distintos trastornos, como por ejemplo, dentro de los (F40-49) Trastornos neuróticos, trastornos relacionados con el estrés y trastornos somatomorfos se puede distinguir:

- F40. Trastornos fóbicos de ansiedad

- F41. Otros trastornos de ansiedad

- F42. Trastorno obsesivo-compulsivo

- F43. Reacción al stress grave y trastornos de adaptación

- F44. Trastorno de conversión disociativo

- F45. Trastorno somatomorfo

- F48. Otras neurosis

A su vez, dentro de cada trastorno, se suele subclasificar en otros en función de sus características, así e (F45) Trastornos somatomorfos:

La manifestación característica de este grupo de trastornos es la presentación repetida de síntomas físicos, junto a una solicitud insistente de investigaciones médicas, a pesar de los hallazgos negativos y la reiterada confirmación por los médicos de que esos síntomas no tienen base orgánica. Si está presente cualquier enfermedad somática, ésta no explica la naturaleza y extensión de los síntomas, o el malestar y la preocupación del paciente.

A su vez los Trastornos somatomorfos (F45) se pueden subdividir en:

- F45.0 Trastorno de somatización.

- F45.1 Trastorno somatomorfo indiferenciado.

- F45.2 Trastorno hipocondríaco.

- F45.3 Disfunción vegetativa somatomorfa.

.30 Corazón y sistema cardiovascular

.31 Tracto gastrointestinal alto

.32 Tracto gastrointestinal bajo

.33 Sistema respiratorio

.34 Sistema urogenital

.38 Otros órganos y sistemas.

- F45A Trastorno de dolor persistente somatomorfo.

- F45.8 Otros trastornos somatomorfos.

- F45.9 Trastorno somatomorfo sin especificación.

Por último, de cada uno de estos subapartados se especifican los criterios de inclusión y exclusión, así como la sintomatología esperable, su duración o evolución para poder establecer de forma clara el diagnóstico pertinente. Así del Trastorno de somatización (F45.0):

"Los rasgos principales son síntomas físicos múltiples, recurrentes y frecuentemente cambiantes de al menos dos años de duración. La mayoría de pacientes tienen una larga y complicada historia de contactos con servicios de salud de atención primaria y especializados, durante los cuales se han llevado a cabo múltiples pruebas negativas y operaciones exploratorias infructuosas. Los síntomas pueden referirse a cualquier parte o sistema del cuerpo. El curso del trastorno es crónico y fluctuante, y a menudo se asocia con alteraciones en la vida social, familiar e interpersonal. Los cuadros con síntomas de corta duración (menos de dos años) o poco llamativos deben clasificarse como trastorno somatomorfo indiferenciado (F45.1).

Trastorno psicosomático múltiple.

Excluye: Enfermedad fingida (simuladores conscientes) (Z76.5).

A. Debe haber antecedentes de al menos dos años de quejas de síntomas múltiples y variables, que no pueden ser explicados por ningún trastorno físico detectable. (Cualquier trastorno físico que se conozca coincidente no explicaría la gravedad, extensión, variedad y persistencia de las quejas físicas o la invalidez social.) Si están presentes algunos síntomas claramente debidos a una hiperactividad vegetativa, no son la principal característica del trastorno, en el sentido de que no son particularmente persistentes y molestos.

B. La preocupación por los síntomas ocasiona un malestar persistente y conduce al paciente a la búsqueda de reiteradas consultas (tres o más) y chequeos, tanto en los servicios de atención primaria como en los especializados. En ausencia de servicios médicos, por motivos de accesibilidad o económicos, el paciente se automedica continuamente o realiza múltiples consultas a curanderos locales o personal paramédico.

C. Hay un rechazo continuado a aceptar el reaseguramiento por los médicos de que no existe una causa orgánica que explique los síntomas somáticos (La aceptación de tales aclaraciones durante un breve período, es decir, pocas semanas durante o inmediatamente después de los chequeos, no excluye este diagnóstico).

D. Debe haber un total de seis o más síntomas de la siguiente lista, que se producen en al menos dos grupos diferentes:

Síntomas gastrointestinales:

1. Dolor abdominal. 2. Náusea. 3. Sensaciones de plenitud abdominal o de meteorismo. 4. Mal sabor de boca o lengua saburral. 5. Quejas de vómitos o regurgitación de alimentos. 6. Quejas de tránsito intestinal rápido o diarreas mucosas o líquidas.

Síntomas cardiovasculares: 7. Falta de aliento sin haber hecho esfuerzos. 8. Dolores torácicos.

Síntomas urogenitales: 9. Disuria o quejas de micción frecuente. 10. Sensaciones desagradables en los genitales o alrededor de ellos. 11. Quejas de flujo vaginal excesivo o inusual.

Síntomas cutáneos y de dolor 12. Quejas de manchas o decoloración de la piel. 13. Dolor en los miembros, extremidades o articulaciones. 14. Sensaciones desagradables de hormigueo o de quedarse dormido algún miembro.

E. Criterio de exclusión usado con más frecuencia. Los síntomas no se producen sólo durante algún trastorno esquizofrénico o relacionado (F20-F29), algún trastorno del humor (afectivo) (F30-F39), o un trastorno de pánico (F41.0). "

Con respecto al D.S.M., indicar que la última versión, la V publicada en el 2013 y es elaborado por la Asociación Estadounidense de Psiquiatría. A diferencia del C.I.E.-10 que recoge otras patologías, el D.S.M. recoge exclusivamente la problemática relacionada con la salud mental.

En donde se emplea una clasificación similar, con indicación del tipo de trastorno, su definición, síntomas, prevalencia (número de casos por cada mil), consecuencias, diagnóstico diferencial, comorbilidad (presencia de otros trastornos a la vez), criterios de diagnóstico.

Una información más detallada y completa que la ofrecida por el C.I.E.-10, del cual algunos países lo han actualizado creando su "propia" versión.

Continuando con el ejemplo anterior con respecto al Trastorno de síntomas somáticos 300.82 (F45.1)

"A. Uno o más síntomas somáticos que causan malestar o dan lugar a problemas significativos en la vida diaria.

B. Pensamientos, sentimientos o comportamientos excesivos relacionados con los síntomas somáticos asociados a la preocupación por la salud, como se pone de manifiesto por una o más de las características siguientes:

1 Pensamientos desproporcionados y persistentes sobre la gravedad de los propios síntomas.

2. Grado persistentemente elevado de ansiedad acerca de la salud o los síntomas.

3. Tiempo y energía excesivos consagrados a estos síntomas o a la preocupación por la salud.

C. Aunque algún síntoma somático puede no estar continuamente presenté, el estado sintomático es persistente (por lo general más de seis meses)."

Una de las ventajas del D.S.M.-V es que trae un apartado de correspondencias donde se especifica qué determinado trastorno se corresponde con el C.I.E.-10. Así con respecto a los Trastornos de síntomas somáticos y trastornos relacionados (309)

300.82 (F45.1) Trastorno de síntomas somáticos (311)

300.7 (F45.21) Trastorno de ansiedad por enfermedad (315)

300.11 Trastorno de conversión (trastorno de síntomas neurológicos funcionales) (318) Especificar el tipo de síntoma:

(F44.4) Con debilidad o parálisis

(F44.4) Con movimiento anómalo

(F44.4) Con síntomas de la deglución

(F44.4) Con síntomas del habla

(F44.5) Con ataques o convulsiones

(F44.6) Con anestesia o pérdida sensitiva

(F44.6) Con síntoma sensitivo especial

(F44.7) Con síntomas mixtos

316 (F54) Factores psicológicos que influyen en otras afecciones médicas (322)

300.19 (F68.10) Trastorno facticio (incluye trastorno facticio aplicado a uno mismo, trastorno facticio aplicado a otro) (324)

300.89 (F45.8) Otro trastorno de síntomas somáticos y trastornos relacionados especificados (327)

300.82 (F45.9) Trastorno de síntomas somáticos y trastornos relacionados no especificados (327).

Capítulo 2. El paciente en consulta, manejo de la entrevista clínica

Aunque el término de entrevista clínica no se circunscribe exclusivamente al ámbito de la psicología, nosotros lo vamos a entender así. Dicho lo cual, se puede definir a la entrevista clínica como el lugar de encuentro entre el psicólogo clínico y el paciente, en el que además pueden intervenir otros profesionales como observadores y parientes del paciente.

Hay que tener en cuenta que cuando se trata de un menor, en todo caso debe de estar presente un familiar o tutor del mismo, ya que este es quien va a ser responsable del cumplimiento del tratamiento.

Entre los acompañantes del paciente, estos suelen variar en función de la relación de parentescos, pero también de la edad del paciente, pudiéndose presentar con su pareja, sus padres, o incluso algún amigo.

Hay que tener en cuenta que en la entrevista clínica se han de buscar cumplir unos objetivos según en qué etapa se encuentre:

- En la primera entrevista, se realiza la

exploración de la persona, prestando especial atención a las demandas de este, pero también a los síntomas que manifiesta. Normalmente en esta primera entrevista se puede establecer el diagnóstico si está "claro" el caso, si no es así, se pueden solicitar nuevas "entrevistas" hasta conseguir establecer el diagnóstico correspondiente.

- Una vez establecido el diagnóstico, se establece el objetivo de la terapia, que puede ser reducir la sintomatología, aprender técnicas compensatorias o la cura, cuando esta sea posible. Igualmente se establecerá una forma de trabajo (familiar, grupal o individual) y una frecuencia de la terapia (una vez a la semana, dos veces…).

A pesar de la pregunta recurrente de los pacientes y familiares sobre "¿Esto cuánto va a durar?", no se puede indicar a ciencia cierta el período de meses de terapia, ya que existen muchos factores que van a incidir en ello.

- El seguimiento, es una forma de entrevista donde se evalúa los avances alcanzados, y si estos se ajustan a los objetivos planteados

- La finalización, este puede producirse porque se hayan alcanzado los objetivos establecidos en un primer momento, o porque esto se hayan cambiado en función de alguna variable que haya surgido. Por ejemplo, la persona, una vez alcanzado su objetivo quiere "ampliarlo" o "reforzarlo" en otras áreas.

Hay que tener en cuenta que no siempre se llega a este último paso, ya sea por abandono de la terapia por parte del paciente, o porque este no esté "colaborando" en su recuperación.

La forma de realizar las entrevistas clínicas puede ser de tres tipos:

- Estructuradas, en donde se emplea unas "plantillas" para evaluar a la persona que acude a consulta.

- Abiertas, en donde el paciente puede hablar "libremente" de su sintomatología y sobre qué piensa que puede ser lo que le pasa.

- Semiestructuradas, que es una combinación de las dos anteriores, en donde existe una "guía" de preguntas, pero son las respuestas del paciente quien va orientando la entrevista.

Además de "conversar" para explorar lo que le sucede al paciente, se hace necesario obtener información más "cuantificable" para poder establecer el diagnóstico correspondiente.

Para ello, se han diseñado una serie de pruebas diseñada, las cuales siguen unas estrictas normas de control establecidas por la psicometría (ciencia de la medida) de forma que sus resultados son válidos y fiables para la población que se aplica.

Validez estadística, que indica la capacidad de evaluar con el instrumento creado lo que efectivamente se quiere, para lo cual se utilizan determinados análisis estadísticos.

Fiabilidad hace referencia a que la prueba carece de errores estadísticos en su diseño, este se puede calcular mediante la repetición de la prueba en distintos momentos temporales (estimación test-retest), o en comparar los resultados de la mitad de la prueba contra la otra mitad (estimación por dos mitades), o comparar los resultados obtenidos con otra prueba ya estandarizada que evalúe lo mismo (estimación mediante formas paralelas).

A lo largo de los años se ha ido perfeccionando y mejorando la psicometría de forma que su fiabilidad de las pruebas estandarizadas es bastante alta.

Esto se ha reflejado en la aparición de cuestionarios, test y pruebas psicométricas estandarizadas que van a permitir explorar al paciente en consulta de forma general o a una determinada capacidad o área de interés.

Estas pruebas suelen ir acompañados de unas

plantillas de corrección, donde obtener una cifra, denominado índice que se puede comparar con los resultados obtenidos por la población a la que pertenece la persona.

Por ejemplo, una prueba estandarizada para evaluar la memoria arroja un índice "bajo" comparado con una población juvenil, pero ese mismo índice puede encontrarse "dentro de la media" entre la población más anciana.

Por tanto, la comparación con la población de pertenencia va a indicarnos si esa capacidad o habilidad evaluada está o no afectada y por tanto si se ha de intervenir o no.

A continuación, se presenta un ejemplo de una herramienta de diagnóstico recientemente publicada, se trata de la versión española denominada cuestionario de Evaluación Conductual de la Función Ejecutiva - Versión Infantil (B.R.I.E.F.-P.), adaptación del cuestionario estandarizado empleado para la evaluación de la función ejecutiva denominado Psychological Asssessment Resources.

Sabiendo que la función ejecutiva nos define cómo somos, ya que va a regir nuestra forma de comportarnos. Un daño en la función ejecutiva o un desarrollo inadecuado de la misma va a tener importantes efectos en nuestro desempeño, ya sea a la hora de conseguir nuestros objetivos e incluso a la hora de comportarnos.

Una inmadurez en el desarrollo ejecutivo va a tener una relación directa en los menores a la hora del desempeño académico, el cual es un índice de que no va desarrollándose al mismo nivel que el resto de sus compañeros.

Un proceso, el del desarrollo ejecutivo, que va a acompañar al menor hasta la adolescencia, donde se entiende terminado de conformar la personalidad, la que incluye una forma "estable" de ser y comportarnos, basado en la función ejecutiva.

El cuestionario de Evaluación Conductual de la Función Ejecutiva - Versión Infantil (B.R.I.E.F.-P.) acaba de ser presentado por la empresa TEA Ediciones.

Con respecto a las características de la aplicación las más destacadas son:

- El cuestionario es aplicado de forma individual a padres, profesores y cuidadores.

- La edad de aplicación del menor es de 2 a 5 años y 11 meses.

- La duración estimada es entre 10 a 15 minutos.

- Corrección online

Con respecto al instrumento, se trata de 63 ítems, de donde:

- Ofrece un índice global sobre la Función Ejecutiva

- Ofrece tres índices principales:

* Índice de Autocontrol inhibitorio (I.A.I.), que informa sobre problemas de control emocional.

* Índice de Fexibilidad (I.F.L.), que informa sobre la facilidad de cambiar de acción adaptándolas al contexto.

* Índice de Metacognición emergente (I.M.E.), que informa sobre la posibilidad de diseñar y seguir planes de acción hasta su consecución.

- Ofrece información sobre cinco escalas clínicas:

* Inhibición, imprescindible para las tareas que requieran de cierto nivel de atención para no distraerse.

* Flexibilidad, ya que el comportamiento requiere cierto nivel de adaptación a las nuevas demandas del contexto.

* Control emocional, necesario para sobreponer las emociones a las labores a realizar.

* Memoria de trabajo, fundamental para poder realizar cualquier actividad que requiera un

nivel medio o superior de dificultad.

* Planificación y organización, útil a la hora de establecer objetivos a cumplir.

Queda todavía establecer las implicaciones de la detección de la función ejecutiva en trastornos del desarrollo tan importantes como el Trastorno del Espectro Autista o el Trastorno por Déficit de Atención con o sin Hiperactividad.

Ya que de comprobarse la correlación entre los resultados de este cuestionario B.R.I.E.F.-P., con los instrumentos de dichos trastornos del desarrollo, este podría convertirse en una primera medida, sobre el que profundizar según sus resultados.

Se trata de una gran herramienta para detectar los primeros retrasos en el desarrollo de la función ejecutiva, con lo que se puede diseñar e implementar la intervención correspondiente una vez detectado, ya que cuenta con un baremo separado por edad y género que permite conocer si el menor se desarrolla según lo esperable.

Igualmente, y cuando lo haya, habrá que apoyarse con la información médica o psiquiátrica que ya disponga el paciente, ya que este puede venir "referido" por un médico de familia u otro especialista, al observar éste cómo no es su campo de especialización.

Es frecuente que el paciente haya sido con anterioridad tratado por un especialista de la salud mental, en tal caso es importante recoger la información sobre el diagnóstico y el tratamiento recibido, ya que de tratarse de una "recaída" es bueno saber lo que "no funcionó" en la anterior terapia para no repetirlo.

La recaída, que es especialmente preocupante cuando se trata de las adicciones, ya se a sustancias o comportamentales. La recaída es el problema más importante para aquellas personas que quieren dejar el alcohol.

Hay que tener en cuenta que la selección del instrumento de medida va a venir determinado por el propio desarrollo de la primera entrevista, y de las sucesivas sesiones hasta "descubrir" lo que le pasa y establecer el diagnóstico oportuno.

No en todos los casos la persona va a acudir por un problema psicológico, ya que en ocasiones puede "buscar" únicamente el acompañamiento terapéutico o reforzar alguna habilidad o capacidad personal, muy habitual en el caso de las personas con baja autoestima o que requieren de un mejor desempeño en sus habilidades sociales.

A pesar de que en estos casos no existe un diagnóstico como tal, sí debe de quedar establecido el objeto de la intervención, ya que a partir de ahí se puede establecer la forma de trabajo, evaluar el progreso, y comprobar cuándo se alcanza el objetivo.

Por ejemplo, una persona acude a consulta porque es incapaz de hablar en público, después de realizar una entrevista semiestructurada se "sospecha" que la personas sufre una fobia social y que es esta el causante de su incapacidad de hablar en público.

Lo primero que hay que hacer es acudir al manual de diagnóstico y ver qué dice de la Fobia Social, en este caso el C.I.E.-10 indica:

IF40.1 Fobias sociales

Miedo a ser examinado por otras personas, que conduce a evitar situaciones de encuentro social. Las fobias sociales más graves suelen asociarse con una baja autoestima y miedo a las críticas. El paciente puede consultar por ruborización, temblor de manos, náuseas o urgencia miccional y, en algunas ocasiones, puede estar convencido de que el problema primordial son estas manifestaciones secundarias de ansiedad. Los síntomas pueden progresar a crisis de pánico.

A. Presencia de cualquiera de los siguientes:

I. Miedo marcado a ser el foco de atención, o miedo a comportarse de un modo que sería embarazoso o humillante.

2. Evitación notable de ser el centro de atención, o de situaciones en las cuales hay miedo a comportarse de un modo que sería embarazoso o humillante.

Estos miedos se manifiestan en situaciones sociales tales como comer o hablar en público, encontrarse conocidos en público o introducirse o permanecer en actividades de grupo reducido (por ejemplo, fiestas, reuniones de trabajo, clases).

B. Al menos dos síntomas de ansiedad ante la situación temida, como se definen en el criterio B de F40.0, tienen que presentarse conjuntamente en una ocasión al menos desde el inicio del trastorno, y uno de los síntomas siguiente:

1. Ruborización.

2. Miedo a vomitar.

3. Necesidad imperiosa o temor a orinar o defecar.

C. Malestar emocional significativo ocasionado por los síntomas o la conducta de evitación, que el paciente reconoce excesivos o irrazonables.

D. Los síntomas se limitan a las situaciones temidas o a la contemplación de las mismas.

E. Criterio de exclusión usado con más frecuencia. Los criterios A y B no se deben a ideas delirantes, alucinaciones u otros trastornos, como los trastornos mentales orgánicos (FOO-F09), esquizofrenia o trastornos relacionados (F20-F29), trastornos del humor (afectivos) (F30-F39) o trastorno obsesivo-compulsivo (F42.-), ni tampoco son secundarios a creencias de la propia cultura.

Después de pasar el Cuestionario de interacción social para adultos (CISO-A), en el caso de que sea adulto o el Cuestionario de ansiedad social para niños (CASO-N2) se comprueba que no se trata de un problema de fobia social como tal, sino que carece de las habilidades sociales suficientes para afrontar la tarea.

Cuando se conoce el resultado se ha de comunicar al "cliente", llamado así en vez de paciente, ya que no padece ninguna psicopatología.

De mutuo acuerdo se puede establecer una intervención al respecto donde reforzar las habilidades que le harán ser apto para poder desempeñar la tarea de afrontar una comunicación en público, ya sea para dar una charla o una presentación.

Una vez ambos estén de acuerdo con este objetivo, se diseña la planeación de sesiones, objetivos intermedios y forma de trabajo para conseguirlo.

Resaltar también con respecto a la entrevista clínica que no siempre la persona interesada va a "colaborar" a la hora de descubrir de lo que padece, como por ejemplo cuando la persona se siente decaída y "sin ganas de hablar".

Esto es habitual por ejemplo en personas que han sido "traídas" por familiares o amigo, especialmente "conflictivo" puede ser cuando se trata de un adolescente traído por los padres por un "mal comportamiento".

Hay que tener en cuenta, que traer a una persona "a la fuerza" o "engañada" a consulta no va a favorecer el clima de confianza que se debe de establecer entre el psicólogo clínico y el paciente.

Además de nada sirve el diagnóstico ni el tratamiento posterior si la persona no se "implica" en su recuperación, ya que tiene que ser ella, la que, con ayuda, supere la situación que tiene.

Igualmente cabe señalar que normalmente los pacientes que acuden a consulta lo hacen en una fase estable de su psicopatología, a no ser que se trabaje en un ambulatorio o centro de salud, es difícil que lleguen a consulta personas en un estado agudo de su padecimiento, máxime cuando en esos casos suele requerirse de la medicación pertinente algo que sobrepasa las funciones del psicólogo clínico.

Lo que sí puede darse el caso, es que a posteriori acudan, cuando aún están bajo los efectos de los medicamentos, o incluso pacientes provenientes de otros especialistas, los cuales les está siendo tratados farmacológicamente.

En esos casos hay que valorar la posibilidad de intervención, incluso hablando con el especialista que les trate, para que "baje" la dosis para que sea más efectivo cualquier intervención que se haga al respecto, ya que, a dosis altas de fármacos contra el dolor o para controlar síntomas agudos, como las paranoias o las alucinaciones, en esos casos poco se puede hacer por ayudar a mejorar al paciente.

Los pacientes, en ocasiones, se pueden sentir "intimidados" por la presencia de otros familiares en la sala, ya que no quieren desvelar sus problemas delante de ellos, en tales casos se le pedirá al acompañante que espere fuera hasta el fin de la sesión, salvo en el caso de los menores, donde los padres o tutores deben de estar presentes durante la terapia.

Las sesiones suelen estar pensadas para 45 minutos, ya que más allá se ha observado que la persona no "aprovecha" más. Dentro de cada sesión, ya sea para la entrevista clínica o para las sucesivas sesiones se han de seguir tres pasos.

El primero se refiere al inicio de la sesión, en donde después de saludar se pregunta sobre su estado general y los avances logrados, de forma que se cree un clima de confianza. En esto podremos invertir como unos cinco minutos.

Es especialmente este paso cuando es la primera vez que el paciente acude a consulta, pues no sabe qué esperar de la misma.

En el segundo tramo de la sesión, en donde se desarrolla la entrevista o la intervención propiamente dicha, para lo cual se dispone de unos treinta y cinco minutos.

La primera vez hay que explicar al paciente, cómo se van a desarrollar las sesiones, lo que cuesta, el horario, y toda la información que este requiera al respecto, de forma que cuando salga de la consulta no le hayan quedado dudas al respecto.

Igualmente hay que "firmar" el contrato terapéutico, por el que se fija el objetivo a alcanzar y las condiciones anteriormente mencionadas. Este punto depende mucho del país de aplicación, ya que los hay donde no se firma nada por escrito, sino que se trata de un acuerdo verbal.

Por último, la despedida, en donde se le recuerda al paciente lo "elaborado" durante esa sesión, así como lo que queda todavía para alcanzar su objetivo y se le cita para un próximo día. En lo que se invierte los últimos cinco minutos de la sesión.

Entre los errores más frecuentes de la entrevista está:

- Querer extenderlo más allá del tiempo establecido, pensando que así tendrá un mayor efecto, sin darse cuenta que acaba "cansando" al paciente.

- Querer administrar al paciente "todos" los cuestionarios que conoce, para estar "seguro" de lo que le pasa. Lo cual denota una escasa idea de las propias herramientas de diagnóstico.

- No concretar la próxima cita, con lo que no sabrá si el paciente va a volver a consulta o no.

- Querer empezar a tratar a la persona, sin siquiera haber establecido el diagnóstico oportuno.

- No escuchar y anticiparse al diagnóstico, ofreciendo una "aproximación" del problema que tiene, sin haber administrado ningún cuestionario al respecto.

- Dar un plazo exacto de finalización del tratamiento.

- Permitir que la persona trate de "resolver" varios problemas a la vez, cuando estos no están relacionados entre sí.

- No realizar evaluaciones periódicas para comprobar cómo va evolucionando la persona y qué le queda para alcanzar sus objetivos.

- Convertir una sesión clínica en una "conversación de café".

- No explicar al paciente las implicaciones de su trastorno, una vez diagnosticado, ni sobre el tratamiento a seguir.

Estos y otros errores se van superando con el tiempo y la experiencia, pero es importante tenerlos en cuenta, sobre todo en las primeras ocasiones que se trata a los pacientes.

Igualmente hay que tener en cuenta las

habilidades comunicativas del propio profesional. El psicólogo clínico debe de tener desarrollada su capacidad de escucha activa, saber interpretar el lenguaje no verbal de la otra persona y no "anticiparse" a lo que esta misma pueda querer o "necesitar".

Aunque es ser más o menos proactivo en una consulta depende mucho del carácter del profesional, hay que tener en cuenta y comprender el estado en el que se encuentra el paciente, en ocasiones "atemorizado" por desconocer cómo se va a desarrollar la consulta, o "atormentado" por sus propios "males".

En todo caso hay que procurar siempre ser lo más profesional posible, dejando las "charlas de café" para los amigos y conocidos, sin olvidar que la persona que tiene delante está demandando atención clínica especializada para un problema de salud mental.

Uno de los problemas a los que se enfrentan los especialistas de la salud a la hora de atender a un paciente es el diagnóstico, ya que a partir de éste se fija el tratamiento, y la evolución de la enfermedad.

Para ello se cuenta con "herramientas" que les van a proporcionar información, sobre qué está sucediendo en el organismo del paciente en las enfermedades físicas, pero cuando se trata de enfermedades mentales, el diagnóstico se complica, ya que no se pueden recoger datos "tan objetivos" como en el caso anterior, existiendo todavía una clara infravaloración de los aspectos psicológicos en el ámbito hospitalario, tal y como lo refleja la distinción entre los términos clínicos, signos y síntomas:

- Hablamos de signos para referirnos a un dato objetivo que recoge directamente el médico, sobre el estado de salud de la persona, por ejemplo, un número reducido de leucocitos en sangre, como resultado de una analítica; alteración en las ondas P según el electrocardiograma; o la presencia de placas "seniles" y neurofibrillas evidenciadas por un T.A.C. (Tomografía Axial Computarizada).

- Los síntomas, por su parte, son la expresión subjetiva de un paciente, sobre un mal funcionamiento de su organismo. Equivaldría a las quejas o dolencias manifestadas por el paciente sobre su enfermedad; así como la intensidad percibida de molestias o dolores.

A la hora de completar el historial, para

determinar si la persona padece un cuadro clínico, el valor de los signos es determinante, frente al de los síntomas, los cuales se tienen en cuenta como indicios a explorar, sin valor diagnóstico por sí mismos.

En la Psicología Clínica, tal y como se enunció en el capítulo anterior, se ha desarrollado una gran variedad de técnicas de evaluación, que van desde las primeras entrevistas semiestructuradas; pasando por los test proyectivos, quizás el más conocido sea el test de Rorschach; hasta llegar a las actuales pruebas psicométricas, validadas y estandarizadas para poblaciones diana; igualmente y una vez establecido el diagnóstico oportuno, el psicólogo tiene a su disposición, un abanico de técnicas de intervención terapéuticas, en función del trastorno mental a tratar, pudiendo ser estas aplicadas de forma individual o grupal, y siendo de corte más cognitivo, conductual o relacional.

Actualmente, grupos de enfermedades como la Demencia, son estudiadas tanto desde el aspecto médico, como psicológico, caracterizado por una pérdida progresiva de habilidades, principalmente cognitivas debido a un deterioro neuronal. Aunque la más conocida de ellas es el Alzhéimer, cuyo elemento más llamativo y por el que normalmente se conoce es por una pérdida progresiva de la memoria.

Se sigue investigando, para poder realizar un diagnóstico claro, se acaba de diseñar una prueba por la Northwestern University (EE.UU.) cuyos resultados han sido publicados en la revista científica Neurology que intenta establecer el diagnóstico entre los distintos tipos de demencia, basado en la capacidad de identificar y nombrar fotos de personajes famosos.

Para ello se estudió a 60 voluntario mayores de 60 años, la mitad de los cuales eran pacientes diagnosticados con afasia primaria, un tipo de demencia temprana, frente a otros sanos. En el estudio se buscaban correlaciones neurofisiológicas que avalen la prueba, encontrando diferencias entre los dos grupos de participantes, en la tarea de reconocer caras de famosos.

Las ventajas de éste estudio es que una prueba tan sencilla como la de ver imágenes en la pantalla, es válida para poder detectar los primeros síntomas de la demencia en personas jóvenes entre los 40 y 65 años.

Algo que un especialista experimentado puede llegar a "detectar" en consulta sin necesidad de mostrar este tipo de imágenes, pero que en todo caso luego ha de comprobar a través de la aplicación de las pruebas clínicas estandarizadas para poder así dar el diagnóstico adecuado y conocer el pronóstico, la evolución y tratamiento más indicado para la psicopatología del paciente que acude a consulta.

Capítulo 3. Selección, administración y corrección de test y escalas estandarizadas.

Lo primero que hay que decir es que actualmente existe una gran diversidad de pruebas estadísticas creadas para la evaluación de los problemas psicológicos; pero para poder ser empleadas en el ámbito clínico deben de cumplir unas características:

- Validez interna y Fiabilidad, que son medidas psicométricas que informan que el instrumento mide lo que efectivamente se desea.

- Estandarización a una población objeto, que esté orientado hacia el tipo de paciente que se quiere estudiar, ya sea por edad, género u otra condición.

- Poseer plantilla de corrección, aunque en ocasiones la corrección se puede realizar de forma telemática.

- Ofrecer índices y factores, a comparar con la población de referencia, para comprobar si los resultados obtenidos están dentro de lo esperable o no.

A partir de ahí hay que seleccionar el tipo de

instrumento a emplear según los siguientes criterios:

- Objeto de estudio de la prueba: general / específico de un trastorno

- Edad de aplicación

- Material de la prueba: fichas / puzles / test

- Duración de la prueba

- Tipo de aplicación: individual / colectiva

- Tipo de corrección: manual / automatizada

Uno de los problemas principales a la hora de la intervención clínica es que los pacientes suelen presentarse en consulta cuando la sintomatología es tan evidente que interfiere en su normal desarrollo de la vida. Esto es, cuando la persona ya no puede "controlar" más los problemas que le causa su psicopatología.

En algunas ocasiones, son los familiares e incluso las autoridades quienes llevan al paciente a consulta, porque a pesar de ser evidente el problema, este es incapaz de ver la necesidad de ayuda que tiene. Pero en ambos casos, la psicopatología está ya avanzada, lo que dificulta el tratamiento.

Desde hace tiempo se conoce que cuanto antes se diagnostique a la persona, antes se podrá intervenir, y se obtendrán mayores resultados, posibilitando que recupere su vida "anterior".

Para ello se requieren de herramientas que sean lo suficientemente sensibles para detectar alteraciones entre la población general, siendo necesaria una prueba que evalúe distintas áreas funcionales, para ver cuál de ellas está empezando a ser afectada, ¿Conoce el Screening del Deterioro Cognitivo en Psiquiatría?

Esta herramienta creada en el 2014 trata de resolver mucha de la problemática anteriormente descrita, ofreciéndose como una evaluación breve y más sensible que otras pruebas tradicionales como el Examen Cognoscitivo Mini-Mental (MMSE).

Entre las características de esta herramienta está:

- Está orientada a personas mayores de 18 años.

- La aplicación es individual.

- El tiempo de administración es de 15 minutos aproximadamente.

- Evalúa los niveles de funcionalidad de cinco áreas (Aprendizaje verbal inmediato (AV-I); Memoria de trabajo (MT); Fluidez verbal (FV); Aprendizaje verbal diferido (AV-D); y Velocidad de procesamiento (VP).

- Existen tres formas de la prueba, con lo que se puede hacer un seguimiento temporal de la persona y sus resultados, sin necesidad de volver a presentar la misma prueba.

- Se incluyen baremos de comparación en población normal, en función de la edad y del nivel educativo.

- Se incluyen baremos específicos para pacientes con esquizofrenia o con trastorno bipolar I.

Tal y como afirman los autores de esta herramienta, se trata de una evaluación breve tanto en el número de ítems, como en el tiempo invertido para ello.

Una de las limitaciones de esta herramienta es que se enfoca únicamente a la población adulta, dejando a los adolescentes y a los más pequeños fuera de su rango de evaluación.

Debido a su naturaleza de herramienta exploratoria, no puede ser tomada de forma aislada, sino que una vez detectado algún tipo de problema hay que aplicar nuevas herramientas para profundizar en aquella área donde ha obtenido un menor resultado.

Esto es, si se detecta que un anciano, muestra deterioros en la memoria con esta herramienta, habrá que acudir a otras especializadas en la valoración del tipo concreto de memoria que se ve afectada, así como de otras para poder descartar la enfermedad de Alzheimer, cuyo principal síntoma es precisamente la alteración de las funciones mnémicas.

Es por tanto una excelente herramienta si no se sabe muy bien por dónde empezar a explorar a la persona, ya que proporciona suficientes índices para orientar futuras evaluaciones o descartar algún tipo de problemática en la persona.

Los pasos para la selección del cuestionario o test a aplicar son los siguientes:

- Selección en función de la edad del paciente, ya que existen orientado a determinadas edades, infancia, adolescencia, madurez y ancianidad, con indicación expresa en el mismo.

- Selección de colectivo al que pertenece el paciente. En ocasiones se crean cuestionarios por género o condición, por ejemplo, para mujeres, para estudiantes, …

- Si no se tiene claro, se emplea un Screening, como se acaba de ver, para delimitar las facetas donde ahondar más en la exploración de los problemas del paciente.

- Si ya se conoce el padecimiento, selección de la técnica específica para establecer el diagnóstico, existiendo instrumentos específicos para todo tipo de patologías.

A continuación, se exponen las características del SENA, un instrumento para la evaluación general de problemas en pequeños desde los 3 años. Ya que una de las problemáticas con respecto a la evaluación durante la infancia es que existen muchas y diversas herramientas, centradas en uno o dos aspectos, y con criterios de estandarización y homogeneización diferentes. Debido a ello, los profesionales de la evaluación de la infancia y la adolescencia tienen que realizar distintas evaluaciones utilizando varios instrumentos antes de obtener una idea general de la problemática que presenta el pequeño, más allá de las "quejas" de padres y profesores.

Un proceso de búsqueda de la mejor herramienta que no hace sino retrasar el diagnóstico y la posterior intervención. Tal es así, que incluso ha habido padres que han desistido en su intento por buscar solución para su hijo, debido a la cantidad de horas y pruebas a las que se ve sometido, y todo ello sin un resultado claro.

Es cierto que la experiencia y pericia del

profesional que lleva años trabajando con niños y adolescentes, ahorra mucho tiempo, ya que se concibe un "prediagnóstico" en función de las "quejas" y lo que él mismo puede observar del pequeño, lo cual debe de ser confirmado por una herramienta estandarizada al efecto.

Situación que se convierte en todo un gran puzle para quien inicia en la evaluación infantil y de la adolescencia, o que sin ser su área de especialización debe de atender algún caso que lo requiera.

Para ello se acaba de presentar una herramienta de evaluación global de los trastornos de conducta y emocionales "más comunes" en niños y adolescentes, denominado SENA, pero ¿Conoces el Sistema de Evaluación de Niños y Adolescentes (SENA)?

Para dar solución a esta diversidad de herramientas se ha creado por parte de la empresa T.E.A. Ediciones, un nuevo instrumento de evaluación psicológica denominado Sistema de Evaluación de Niños y Adolescentes (SENA).

Entre las características de esta herramienta está que divide la evaluación en función del nivel educativo del pequeño: Educación Infantil (de 3 a 6 años), Primaria (de 6 a 12 años) y Secundaria (de 12 a

18 años).

La aplicación de la prueba es de 20 minutos y puede ser administrada tanto individual como colectivamente.

El uso de esta herramienta depende del profesional que lo utilice, así se puede emplear tanto en el ámbito educativo, clínico o forense.

Se evalúan cuatro aspectos de la conducta y la vivencia emocional en la infancia y la adolescencia, de donde se saca un índice global:

- Problemas Interiorizados, Depresión, Ansiedad, Ansiedad social, Quejas somáticas, Sintomatología postraumática y Obsesión-compulsión

- Problemas Exteriorizados, Problemas de atención, Hiperactividad-impulsividad, Problemas de control de la ira, Agresión, Conducta desafiante y Conducta antisocial.

- Problemas Contextuales, Problemas con la familia, Problemas con la escuela y Problemas con los compañeros.

- Problemas Específicos, Consumo de sustancias, Problemas de la conducta alimentaria, Retraso en el desarrollo, Problemas de aprendizaje, Esquizotimia o Comportamiento inusual.

En el caso concreto del Trastorno por Déficit de

Atención con o sin Hiperactividad (TDA) la evaluación se realiza mediante el apartado correspondiente a Problemas Exteriorizados, en concreto en los ítems correspondientes con HIP- Hiperactividad-Impulsividad y ATE - Problemas de Atención, pudiendo ser también de interés los índices relativos a otros apartados para completar la panorámica general de la influencia del problema del TDA en el menor.

A pesar de la innovación que supone la herramienta en cuanto a ofrecer una visión general de los problemas más comunes que presentan los niños y adolescentes, la herramienta debe ser complementada con otras que analicen y evalúen la problemática concreta objeto de consulta.

Si bien ofrece información imprescindible para tener una visión general del pequeño, que permite comprende en qué áreas presenta problemas para el establecimiento de la intervención oportuna.

Queda por analizar la correspondencia o redundancia de esta herramienta con otras hasta ahora utilizadas, por ejemplo, en el caso concreto del TDA, hay que analizar hasta qué punto los índices correspondientes a HIP- Hiperactividad-Impulsividad y ATE - Problemas de Atención muestran correlación con las herramientas establecidas para la evaluación del Trastorno de Atención, para comprobar si ofrece información nueva y útil que añadir a las ya empleadas.

Dicho lo cual se trata de una valiosa herramienta recomendada como screening para analizar las áreas donde muestra problemas el menor, con lo que poder focalizar nuevos estudios, para alcanzar el diagnóstico y diseñar la intervención posterior.

A la hora de seleccionar el instrumento a emplear se pueden acceder a los cuestionarios disponibles en las instituciones públicas como los colegios profesionales de psicología o las bibliotecas, pero también se pueden adquirir para la práctica privada, para ello hay que tener en cuenta los requisitos indicados al principio de este punto.

Personalmente cuando requiero del uso de un cuestionario suelo acudir a una de las empresas especializadas punteras en la evaluación psicológica denominada TEA. A través de su catálogo se pueden observar las materias de interés:

- ADAPTACIÓN Y CONDUCTA
- ANSIEDAD, ESTRÉS Y DEPRESIÓN
- APTITUDES

- ATENCIÓN e HIPERACTIVIDAD

- AUTISMO

- AUTOESTIMA

- CREATIVIDAD

- FAMILIA Y PAREJA

- INTELIGENCIA EMOCIONAL

- INTELIGENCIA Y DESARROLLO

- INTERVENCIÓN

- LENGUAJE

- MEMORIA

- NEUROPSICOLOGÍA

- PERSONALIDAD

- PROYECTIVOS

- PSICOGERIATRÍA

- PSICOPATOLOGÍA Y FORENSE

- RELAJACIÓN

- TRASTORNOS DE ALIMENTACIÓN

Dentro de cada una de estas categorías se pueden encontrar cuestionarios y test específicos para la psicopatología a analizar, por ejemplo, en el caso de los trastornos de la alimentación:

- EDI-3. Inventario de Trastornos de la Conducta Alimentaria

Instrumento de evaluación de los rasgos y

constructos psicológicos que se han mostrado clínicamente más relevantes en personas con trastornos de la conducta alimentaria (TCA).

Aplicación: Individual y colectiva.

Tiempo: Variable, aproximadamente 20 minutos.

Edad: Muestras clínicas: de 12 años en adelante. Muestras no clínicas: de 10 años en adelante.

- IMAGEN. Evaluación de la Insatisfacción con la Imagen Corporal

Instrumento de evaluación, de fácil y rápida aplicación, de la insatisfacción con la imagen corporal en sus tres principales componentes: cognitivo-emocional, perceptivo y comportamental.

Aplicación: Individual y colectiva.

Tiempo: 10 minutos aproximadamente.

Edad: A partir de 11 años

- TSA. Test de Siluetas para Adolescentes

Aplicación: Individual o colectiva.

Tiempo: 10 minutos aproximadamente.

Edad: Adolescentes de 14 a 18 años.

Evaluación de la insatisfacción y la distorsión de la imagen corporal en adolescentes. Ofrece puntos de corte específicos para establecer el riesgo de trastorno de la conducta alimentaria.

Cuando uno piensa en trastornos de alimentación, seguramente piense en anorexia, o la bulimia, aunque es un poco menos conocida, pero es difícil que piense en ortorexia, ya que dicho término es relativamente frecuente, y hace referencia a un trastorno obsesivo compulsivo por lo que una persona se obsesiona con la "comida sana". Un trastorno cada vez más frecuente en los países occidentales donde se da mayor valor a la imagen exterior que a la "salud interna".

La ortorexia que afecta principalmente a las mujeres y a los adolescentes, se inicia por una concienciación sobre la vida y comida, donde se va modificando poco a poco la vida incorporando ejercicios moderados diarios, prácticas de yoga o meditación, eliminando de la alimentación las carnes rojas o grasas, para ir poco a poco siendo más "selecto" a la hora de escoger lo que se come.

Pero cuando se aumenta esa "preocupación" rechazando cualquier alimento que contenga productos conservantes o aditivos, buscando que sean siempre naturales, probióticos o ecológicos, haciendo que comer fuera de casa, ya sea con amigos o compañeros de trabajo, pueda provocar una situación de estrés, debido a que no se "fija" de lo que ponen en los restaurantes, lo que va a facilitar el aislamiento social.

Pero como cualquier otra obsesión se caracteriza por un exceso de preocupación por aquello que es objeto de la obsesión, dedicándole demasiado tiempo a pensar en la comida sana, "perdiendo" mucho tiempo a la hora de realizar las compras, mirando y comparando las distintas etiquetas de todos los productos que van a comprar, buscando y rebuscando entre la oferta que hay gastando para ello también mucho dinero para conseguir el que cree "necesario" para su cuerpo.

Además de los síntomas y consecuencias anteriores, en cuanto a tiempo y dinero, una alimentación "excesivamente sana", puede provocar que se dejen de ingerir determinadas sustancias, lo que va a facilitar situaciones de anemias; ya que estas personas tienen creencias "incorrectas" al no tener conocimientos específicos sobre dietas, sino que se rigen por lo que escuchan y leen sin un conocimiento específico adecuado, además de promover el aislamiento.

Un porcentaje de casos de ortorexia proviene de pacientes que han superado otros trastornos de la alimentación tal y como es la anorexia, donde se educa al paciente a alimentarse de forma sana y a ser "estricto" en su seguimiento, lo que hace que la persona pueda "dar un paso más" y llegarse a obsesionar en ese cumplimiento, saliendo de un trastorno de la alimentación para entrarse en otro.

La mayor dificultad de este trastorno es que ha sido definido hace poco tiempo, por lo que apenas existen estudios sobre el diagnóstico de éste trastorno como de su tratamiento.

Un reciente trabajo realizado conjuntamente por la University of South Australia (Australia), Texas A & M University y Dickinson College (EE.UU.) publicado en The International Journal of Educational and Psychological Assessment aborda ésta problemática diseñando un cuestionario para detectar los síntomas más comunes y con ello poder establecer un adecuado diagnóstico.

Herramienta que una vez validada, ha de ser administrada en distintas poblaciones dianas para tener una base suficiente para aplicar, de forma que se pueda estandarizar, con lo que poder realizar estadísticas nacionales e internacionales.

Se ha diseñado un cuestionario breve de 21 ítems, donde se evalúan tres dimensiones: conocimiento sobre alimentación saludable, problemas asociados a la alimentación saludable y sentimientos positivos sobre la alimentación saludable.

El estudio preliminar cuenta con suficiente validez interna y ecológica, pero falta que otros países adapten estos estudios con lo que detectar nuevos casos de pacientes, ya que cuanto antes se detecte antes se puede intervenir y ayudar así a superar éste trastorno de alimentación.

Tal y como se han visto, los Trastornos Alimentarios se pueden presentar de distinta manera, tanto como bulimia, anorexia o vigorexia, presentando cada uno de ellos características diferentes, aunque igual de perjudicial para la salud, debido a que en todos los casos se producen desajustes alimenticios que van a tener su reflejo en un perjuicio sobre la salud, que si no se trata a tiempo en algunos casos puede poner incluso en riesgo la vida de quien lo padece.

Muchas son las teorías que han surgido alrededor del Trastornos Alimentarios, tanto sobre su origen como en su mantenimiento, pero todavía no se ha llegado a ninguna conclusión sobre el mismo, siendo además de difícil tratamiento, ya que la persona que lo sufre suele negar la realidad de su problema, y entender que aquello que hace es parte de su modo de vida, incluso es algo buscado.

Es por ello que a la hora de tratar a estos pacientes lo primero que hay que "luchar" es contra esas ideas erróneas sobre la salud, la alimentación, y el poder que ellos creen tener en su vida, para que una vez rota esta, se puede reeducar en hábitos adecuados que ayuden poco a poco a recuperarse de las carencias alimenticias que han sufrido.

Aunque cuando uno piensa en personas afectadas por este tipo de trastornos, lo suele hacer con respecto a personas en algunos casos solitarias, o que se rigen por los cánones sociales de belleza al que se ven expuestos por la televisión o las revistas, pero ¿Están expuestos los deportistas a Trastornos Alimentarios?

Esto es lo que trata de averiguarse desde la Universidad Federal de Juiz de Fora junto con la Universidad São Paulo (Brasil), cuyos resultados han sido publicado recientemente en la revista científica Paidéia.

En el mismo participaron 580 adolescentes, de

ambos sexos, con edades comprendidas entre los 10 a 19 años de edad, que practicaban deporte regularmente al estar inscritos en alguno de los cinco clubes deportivos de donde se extrajeron los mismos, entre los cuales practicaban campo a través, baloncesto, fútbol, esgrima, gimnasia artística, balonmano, judo, natación, waterpolo y voleibol entre otros.

A todos ellos se les pasaron tres cuestionarios estandarizados diferentes, uno para evaluar el riesgo de sufrir un Trastornos Alimentarios denominado Questionnaire Eating Attitudes Test (EAT-26), otro para evaluar la satisfacción con su propio cuerpo Body Shape Questionnaire (BSQ) y, por último, uno que evalúa el compromiso psicológico con el deporte Commitment Exercise Scale (CES). A lo anterior se incorporaron las medidas de peso y altura, además del porcentaje de grasa corporal. Se incluyeron también datos demográficos y económicos de los participantes.

Los resultados muestran un porcentaje de Trastornos Alimentarios del 18% en chicas y del 14% en chicos, igualmente existe diferencias en cuanto a la satisfacción con el propio cuerpo, siendo la insatisfacción del 14% en chicos mientas que en chicas alcanza el 38%.

A pesar de contar con datos de chicos y chicas, el estudio no ha realizado un análisis comparativo entre ambos para comprobar si los resultados anteriores eran significativamente diferentes entes ellos o no.

El estudio no incluye a un grupo control con el que comparar si los resultados son elevados o igual al obtenido entre la población que no practica deportes de forma regular. Aún y con eso se precisaría de comparar los resultados con los de otras poblaciones para poder concluir si los deportistas están más expuestos a sufrir Trastornos Alimentarios o no.

Capítulo 4. El diagnóstico diferencial en la Psicología Clínica

Una de las dificultades más importantes a la hora de establecer el diagnóstico es precisamente saber distinguir de que psicopatología se trata, cuando existen otras que podrían presentar una sintomatología similar.

La importancia del diagnóstico es precisamente que a partir de ahí se puede establecer el tratamiento oportuno. Un diagnóstico erróneo, no sólo va a hacer que sea inútil la intervención realizada, sino que va a retrasar la aplicación del tratamiento adecuado y necesario para el paciente.

Para eso muy útil el apartado descriptivo del D.S.M.-V donde se especifica con qué otros tipos de psicopatología se pueden confundir, o los casos de "exclusiones" del C.I.E.-10

Volviendo al caso de los trastornos psicosomáticos comentado en apartados anteriores, ya que uno de los aspectos más difíciles a la hora de tratar las enfermedades psicosomáticas es el establecimiento de un claro diagnóstico.

Primeramente, hay que alcanzar la distinción

entre este tipo de enfermedades y otras de origen médico o psicológico, con posterioridad se aportan las claves necesarias para conseguir un diagnóstico diferencial de otra sintomatología "parecida".

El interés del estudio por lo psicosomático parte desde el área clínico como una interrogante ante determinados síntomas de los que no se encontraban un origen médico, surgiendo la idea de que el organismo (soma) podía estar viéndose influido por la mente (psique) de la persona; pero por supuesto debería ser una "psique enferma".

Con ello se aceptaba algo que hasta ese momento había sido desechado, y es la estrecha vinculación entre la mente y el cuerpo, y su interdependencia, de forma que si uno enfermaba lo hacía el otro, y al revés; precisándose de una intervención desde una perspectiva holística de la persona.

Por tanto, existen tres tipos de afecciones posibles en el paciente, las enfermedades físicas; los trastornos psíquicos o psiquiátricos y los trastornos psicosomáticos.

Pero se ha podido comprobar cómo algunas enfermedades físicas tienen efectos psicológicos; al igual que algunas enfermedades psíquicas tienen efectos físicos; lo que ha llevado a muchos autores a defender la idea de que todas las enfermedades, tanto físicas como psíquicas son trastornos psicosomáticos, ya que en mayor o menor medida se van a ver afectados aspectos físicos y psíquicos del paciente.

Aportaciones que han sido corroboradas desde los más recientes estudios sobre psiconeuroimnunoendocrinología donde se aborda precisamente las relaciones de interdependencia entre los aspectos que influyen en la salud, como es el sistema inmune, donde participa también el sistema nervioso, el endocrino y la psique.

Actualmente el papel de lo psicosomático se restringe a lo que se conoce como trastornos somatomorfos o síntomas somáticos médicamente inexplicados, cuya característica principal es que se producen síntomas físicos sin que medie una enfermedad médica que lo explique.

Una vez que se conoce cuál es el campo de intervención de los psicosomáticos, para poder llevar a cabo un diagnóstico diferencial, hay que establecer una distinción clara con otros cuadros clínicos, donde la demanda del paciente es por síntomas físicos en donde no se encuentra causa médica que lo explique, entre los cuales están:

- Las simulaciones, donde no existen síntomas físicos, sino es la persona quien está inventando conscientemente los síntomas para conseguir algún beneficio o para evitar una obligación; es por ello que el médico no consigue establecer un diagnóstico claro.

- El síndrome de Munchhausen, igualmente en éste caso existen síntomas "simulados", pero estos son autoprovocados por el paciente, bien ingiriendo medicamentos o sustancias tóxicas, para tener fiebres o vómitos; o autolesionándose para originar hematomas; pero en ésta ocasión la persona trata de alcanzar de forma imperiosa el "estatus" de enfermo y con ello su hospitalización.

- La mitomanía, también conocido como mentiroso compulsivo, donde la mentira se produce buscando notoriedad y admiración por parte de quien le escucha, sin que existan síntomas físicos que "apoyen" su versión. La diferencia principal con el simulador es que no se dan las características de personalidad del primero, ni esa "adicción" a mentir.

- El trastorno límite de personalidad, se da en paciente con una personalidad "débil" con constantes dudas respecto a su identidad y con falta de control de los impulsos; a parte de las quejas somáticas, el paciente se presenta con todo un elenco de características de personalidad e impulsividad que permiten establecer un diagnóstico diferencial al respecto.

La primera tarea del profesional de la salud es descartar otros trastornos mentales, que pueden estar en el origen de esos síntomas que provocan la demanda del paciente. Una vez que no existe una explicación médica de los mismos, y descartada la simulación y otros trastornos psicológicos, podemos afirmar que estamos ante un trastorno somatomorfo.

La característica principal de los Trastornos somatomorfos es la presentación repetida de síntomas físicos, junto con solicitudes persistentes de exámenes médicos, a pesar de que los hallazgos sean repetidamente negativos y de que los médicos hayan reafirmado que los síntomas no tienen fundamentos físicos. Si es que existen algunos trastornos físicos, éstos no llegan a explicar la naturaleza ni la magnitud de los síntomas ni la aflicción y la preocupación del paciente.

Como vemos el diagnóstico en algunos casos no es una tarea sencilla, ya que hay que descartar muchas psicopatologías que presentan síntomas similares.

Veamos qué dice el C.I.E.-10 al respecto:

Se Excluye del diagnóstico de Trastornos Somatomorfos:

-Trastornos disociativos (F44.-).

-Mesarse los cabellos (F98.4).

-Laleo (F80.0).

-Ceceo (F80.8).

-Onicofagia (F98.9).

-Factores psicológicos y del comportamiento en trastornos o enfermedades clasificados en otro lugar (F54.-).

-Disfunciones sexuales no orgánicas (F52.-).

-Succión del pulgar (F98.8).

-Trastorno de tics en la infancia y adolescencia (F95.-).

-Síndrome de Gilles de la Tourette (F95.2).

-TricotilimanÍa (F63.3).

Nota diagnóstica

Las personas con estos trastornos también pueden mostrar, en cierta medida, un comportamiento de búsqueda de atención (histriónica), particularmente si están frustrados al no conseguir persuadir a los médicos de la naturaleza esencialmente física de su enfermedad y de la necesidad de más pruebas y exámenes.

Por su parte el D.S.M.-V informa sobre el diagnóstico diferencial de los trastornos somatomorfos:

Si los síntomas somáticos son congruentes con otro trastorno mental (p. ej., el trastorno de pánico) y los criterios diagnósticos para este trastorno se cumplen, entonces el trastorno mental debería considerarse una alternativa o un diagnóstico adicional. El diagnóstico por separado de trastorno de síntomas somáticos no se realiza si los síntomas somáticos y los pensamientos, sentimientos o comportamientos relacionados aparecen sólo durante los episodios depresivos mayores. Si, como suele ocurrir, se cumplen los criterios tanto para el trastorno de síntomas somáticos como para el otro diagnóstico de trastorno mental, se deberían codificar ambos trastornos, puesto que ambos pueden necesitar tratamiento.

Otras condiciones médicas. La presencia de síntomas somáticos de etiología poco clara no es de por sí suficiente para hacer el diagnóstico de trastorno de síntomas somáticos. Los síntomas de muchos individuos con trastornos, como el síndrome del intestino irritable o la fibromialgia, no satisfacen los criterios necesarios para el diagnóstico de trastorno de síntomas somáticos (Criterio B). Por el contrario, la presencia de síntomas somáticos de un trastorno médico establecido (p. ej., la diabetes o las enfermedades cardíacas) no excluye el diagnóstico de trastorno de síntomas somáticos si se cumplen los criterios.

Trastorno de pánico. En el trastorno de pánico, los síntomas somáticos y la ansiedad por la salud tienden a aparecer en los episodios agudos, mientras que, en el trastorno de síntomas somáticos, la ansiedad y los síntomas somáticos son más persistentes.

- Trastorno de ansiedad generalizada. Los individuos con trastorno de ansiedad generalizada se caracterizan por preocupaciones por múltiples sucesos, situaciones o actividades, y sólo alguna de ellas puede implicar la salud. Los síntomas somáticos o el miedo a la enfermedad no suelen ser el foco principal, como lo es en el trastorno de síntomas somáticos.

- Trastornos depresivos. Los trastornos depresivos están acompañados frecuentemente por síntomas somáticos. Sin embargo, los trastornos depresivos se diferencian del trastorno de síntomas somáticos por los síntomas depresivos centrales de bajo (disfórico) estado de ánimo y por la anhedonia.

- Trastorno de ansiedad por enfermedad. Si el individuo tiene grandes preocupaciones acerca de la salud, pero sin síntomas somáticos, podría ser más apropiado considerar el trastorno de ansiedad por enfermedad.

- Trastorno de conversión (trastorno de síntomas neurológicos funcionales). En el trastorno de conversión, el síntoma es la pérdida de la función (p. ej., de una extremidad), mientras que en el trastorno de síntomas somáticos la atención se centra en la angustia que causan los síntomas concretos. Las características enumeradas en el Criterio B del trastorno de síntomas somáticos pueden ser útiles para diferenciar los dos trastornos.

- Trastorno delirante. En el trastorno de síntomas somáticos, las creencias de la persona de que los síntomas somáticos podrían reflejar una enfermedad física subyacente grave no tienen una intensidad delirante. Las creencias del individuo en relación con los síntomas somáticos pueden ser mantenidas firmemente. Por el contrario, en el trastorno delirante, subtipo somático, las creencias sobre los síntomas somáticos y el comportamiento son más fuertes que las que se encuentran en el trastorno de síntomas somáticos.

- Trastorno dismórfico corporal. En el trastorno dismórfico corporal, el individuo está excesivamente intranquilo y preocupado por un defecto percibido en sus características físicas. Por el contrario, en el trastorno de síntomas somáticos la preocupación acerca de los síntomas somáticos refleja el miedo a una enfermedad subyacente, no a un defecto en la apariencia.

- Trastorno obsesivo-compulsivo. En el trastorno de síntomas somáticos, las ideas recurrentes sobre los síntomas o las enfermedades somáticas son menos intrusivas, y las personas con este trastorno no muestran las conductas repetitivas asociadas, encaminadas a reducir la ansiedad, que tienen lugar en el trastorno obsesivo-compulsivo."

Igualmente hay que tener a la hora de establecer un diagnóstico claro la presencia de otras patologías que puedan empeorar el pronóstico del tratamiento y su recuperación, por ejemplo, uno de los problemas más importantes para pediatras y padres es saber reconocer si el pequeño está teniendo un desarrollo normal o no en comparación con otros niños de su edad.

Pueden ser muchas las circunstancias que pueden provocar deficiencias en el desarrollo del menor, algunas de ellas que parecen solucionarse por sí solas a medida que el pequeño crece y otras que requieren de intervención del especialista tanto para su diagnóstico como para su tratamiento.

Cuando además de la presencia de deficiencias, ya sea en el desarrollo motor, intelectual o de las habilidades comunicativas, si estas van acompañadas de ciertos rasgos físicos característicos pueden dar indicios de estar ante un pequeño con síndrome de Down, diagnóstico que además de sus características destacables puede ser rápidamente diagnosticado por la presencia de una alteración genética en el par 21 donde tiene un cromosoma extra, de ahí que también se le denomine trisomía 21.

Pero que se sufra este tipo de alteración cromosómica con todas sus consecuencias físicas y del desarrollo no evita que pueda padecer en el mismo porcentaje que la población, de otras alteraciones y trastornos, ya sea del desarrollo u de otro tipo.

La dificultad radica precisamente en saber distinguir qué sintomatología corresponde al síndrome de Down y cuáles a otro trastorno, sobre todo cuando este es del desarrollo, donde su característica principal es precisamente un enlentecimiento en avance de las habilidades de control fino motor, del lenguaje, de las capacidades cognoscitivas, o del control de las pocas emociones, tomándose como punto de comparación a los pequeños de su misma edad, pero ¿Puede presentarse el autismo con el síndrome de Down?

Esto es precisamente lo que trata de estudiarse desde el Hospital Alto Deba, el Hospital Donostia y la Fundación CITA-Alzheimer Fundazioa (España) cuyos resultados han sido publicados recientemente en la revista científica Journal of Neurodevelopmental Disorders.

Tal y como se ha comentado en la introducción la dificultad de detectar la presencia de ambos trastornos a la vez, es que hay que saber distinguir a cuál de los dos se corresponden los síntomas que muestran los pequeños.

En este caso del síndrome de Down puede que alguno exhiba además de sus rasgos típicos, cierto retraso en el desarrollo del lenguaje y del establecimiento de relaciones sociales, lo que puede pasar totalmente desapercibido debido a que muestra retrasos en otras habilidades también, lo que puede estar encubriendo además el padecimiento de un Trastorno del Espectro Autista.

Tal es la dificultad de este segundo diagnóstico que los autores del estudio afirman que no existe hoy en día estadística al respecto sobre la presencia de ambos trastornos del desarrollo presentados a la vez, a pesar de ello han diseñado un estudio para tratar de distinguir los síntomas de uno u otro.

En el estudio participaron 46 personas entre 10 a 21 años, 26 mujeres y 20 varones todos ellos diagnosticados con Trisomía 21, es decir síndrome de Down y específicamente se escogieron aquellos que no tuviesen diagnosticado Trastorno del Espectro Autista.

A todos ellos se les pasaron una serie de cuestionarios como la escala de receptividad social denominada Social Responsiveness Scale (SRS) donde los cuidadores evalúan el nivel de implicación social de los pequeños, el cuestionario de desarrollo social denominado Social Communication Questionnaire-Lifetime (SCQ), para el desempeño social mediante el lenguaje no verbal se usó la Escala Internacional de Ejecución de Leiter denominado Leiter International Performance Scale-Revised (Leiter-R), una prueba de vocabulario denominado Peabody Picture

Vocabulary Test, Fourth Edition (PPVT-4).

El hecho de pasar una prueba propia del Trastorno del Espectro Autista a alguien que no lo tiene permite conocer qué ítems y escalas de la prueba van a mostrarse en la población de los diagnosticados con síndrome de Down y cuáles no.

Son precisamente estos segundos los que van a permitir establecer un diagnóstico en los nuevos casos, ya que, de presentarse, se puede decir que además se está sufriendo un Trastorno del Espectro Autista.

Los resultados más destacables muestran resultados significativos en dos subescalas del SRS en concreto en lo que se refiere a cognición social y a manierismos, siendo este segundo, movimientos repetitivos como balanceo, luego según los autores son estos los síntomas más importantes a tener en cuenta a la hora de evaluar la presencia del Trastorno del Espectro Autista en pequeños con síndrome de Down

Hay que tener en cuenta el reducido número de participantes y el rango de edad tan amplio usado, lo que hace necesario nueva investigación con más sujetos antes de poder llegar a una conclusión válida.

Igualmente, la edad mínima de los participantes

de 10 años hace que no se pueda emplear como herramienta diagnóstico útil del Trastorno del Espectro Autista, ya que cuanto antes se detecte este antes se puede intervenir.

A lo anterior hay que añadir que el Trastorno del espectro autista se produce con más frecuencia en los niños con síndrome de Down que en otros niños, pero con menos frecuencia que en otros grupos de discapacidad de aprendizaje. La prevalencia puede ser tan alto como 5%

A menudo hay reticencia a considerar la posibilidad del doble diagnóstico de síndrome de Down y autismo. Por esta razón, el diagnóstico es con frecuencia muy retrasado.

Dos razones para el fracaso de diagnóstico del trastorno autista en los niños con síndrome de Down:

1. la noción equivocada de que los niños con síndrome de Down son siempre "alegres" por lo que no pueden ser "autistas"

2. la falta de conciencia del perfil de desarrollo habitual de las personas con síndrome de Down.

De particular importancia es la relativa a la alta prevalencia de los espasmos infantiles.

Los niños pueden mostrar comportamientos típicos del autismo en la infancia y seguir un curso similar al observado en otros niños. Sin embargo, no es raro que aparezca regresión de las habilidades sociales y de comunicación en la infancia tardía - típicamente entre 3 y 7 años de edad, y a veces tan tarde como en la adolescencia. Esta condición puede ser muy incapacitante.

El diagnóstico es muy importante porque cuando las dos condiciones coexisten, el trastorno autista tiene prioridad en términos de las necesidades educativas y de gestión.

La posibilidad de que se presente el trastorno autista debe ser considerado en cualquier niño en edad preescolar con síndrome de Down que está fallando para hacer progresos esperados en el habla, el lenguaje, la comunicación, las habilidades sociales o de cualquier niño mayor que muestra regresión de estas habilidades.

El diagnóstico diferencial incluye:
- El hipotiroidismo
- discapacidad múltiple profunda y grave
- La privación social
- enfermedad concurrente Mayor
- Audiencia o deficiencia visual

Hay que pensar que le diagnóstico diferencial es el último paso antes del tratamiento, y depende de ello el que el tratamiento sea efectivo o no. Por ejemplo, si a una persona se le diagnostica Trastorno de Depresión Mayor, cuando lo que tiene es un Trastorno Bipolar, únicamente estará recibiendo la mitad del tratamiento que necesita, es decir se estará tratando los casos de episodios depresivos, pero no así los episodios maníacos.

Sabiendo que tanto en el trastorno depresivo como en el trastorno bipolar se producen episodios depresivos, pero ¿Cuál de los dos trastornos es más incapacitante socialmente?

Durante la fase pasiva o depresiva, la persona parece "apagarse", perder el interés por todos y por todo, sin querer relacionarse con los de su alrededor, buscando la soledad y el aislamiento, y en muchos casos sin ganas de salir de la cama.

En la fase maníaca, exclusiva del trastorno bipolar, se produce todo lo contrario, es decir, se produce una euforia en la persona que le lleva a hacerle creer que puede hacer cualquier cosa, se incrementa considerablemente el apetito, así como el realizar actividades placenteras, buscando la compañía de los demás.

Pero volviendo sobre la fase depresiva, ¿Es posible encontrar diferencias entre el episodio depresivo que se sufre en un trastorno por depresión mayor en comparación con el sufrido en un trastorno bipolar?

A esto es precisamente a lo que pretende contestar un reciente estudio llevado a cabo por el Colegio Médico SMS, el Colegio Médico Gubernamental BPS para mujeres, y el Instituto de Ciencias Médicas de Toda la India (India) y publicado en la revista científica Depression Research and Treatment.

En el estudio participaron 96 personas, la mitad de ellas con diagnóstico de trastorno por depresión mayor y la otra mitad por trastorno bipolar.

A todos los participantes se les administró un cuestionario estandarizado denominado Herramienta del rango de deterioro del funcionamiento (Range of Impaired Functioning Tool - LIFE-RIFT) donde se analiza la afectación de los desórdenes de los estados de ánimo en cuatro facetas: el laboral, el de las relaciones sociales, el de satisfacción y el de recreación. Proporcionando la suma total de las cuatro anteriores un índice global de afectación.

En ambos casos, tanto ante el trastorno de

depresión mayor como en el trastorno bipolar se encontraron afectados negativamente los cuatro ámbitos de la vida evaluados.

Los resultados indican que no se mostraban diferencias significativas en las facetas evaluadas, aunque sí en el índice global obtenido de sumar los valores de las cuatro facetas.

Los autores del estudio tratan de explicar estas diferencias en función de la disonancia crónica, concepto que hace referencia al desajuste con respecto a lo esperado en las relaciones sociales, siendo ésta más perjudicadas precisamente porque no se sabe qué esperar, pues en una persona con un trastorno depresivo mayor siempre se mostrará de la misma forma y con los que conviven pueden llegar a aceptar e incluso adaptarse a dicha circunstancia, pero los cambios bruscos del trastorno bipolar dificultan esta adaptación, provocando un mayor deterioro social.

Tampoco se encontraron diferencias significativas en cuanto al índice global obtenido ni en función de la edad de aparición del trastorno tanto de depresión mayor como bipolar, ni en función del número de episodios sufridos. Luego el deterioro global sería independiente de estos dos datos.

Tal y como afirman los autores del estudio, aunque los resultados parecen claros, estos deben tomarse en cuenta en función de la cultura propia que comparten todos los participantes, siendo necesario investigación transcultural para comprobar si estos resultados se mantienen en otras latitudes, o presentan otras diferencias significativas.

Hasta que se obtiene en diagnóstico de trastorno bipolar, los familiares, amigos y conocidos pueden sentir que algo no marcha bien con esa persona, pero sin saber exactamente el por qué, ya que el cambio entre episodios depresivos y maníacos son totalmente inesperados y no obedecen a ninguna razón.

Una vez que se tiene el correspondiente diagnóstico, la pareja, familiares y amigos deben tomar una decisión, y es cómo cuidarlo adecuadamente. Si se trata de un adulto que vive independiente, es mucho más difícil la supervisión sobre el cumplimiento de su ingesta de la medicación en las horas establecidas por el médico especialista. Si este es menor o vive con o a cargo de otras personas, es más fácil este cuidado.

Una situación que lejos de ser fácil, se convierte

en un problema cada vez que hay que tomar la medicina, sobre todo cuando el paciente no se "nota" enfermo, y cree que no es necesario, o cuando se encuentra en una fase maníaca, donde se siente tan bien y lleno de vitalidad, que considera irrealmente que él/ella puede controlar los síntomas sin "perjudicar" a nadie, pero ¿Qué riesgos sufre el cuidador de un paciente bipolar?

Esto es lo que ha tratado de descubrirse desde la Universidad Bezmialem Vakif, el Hospital Estatal Başak şehir, el Hospital de Investigación y Docencia Erenköy de Enfermedades Neurológicas y Psiquiátricas, el Hospital de Investigación y Educación de Estambul (Turquía) publicado recientemente en la revista científica Journal of Psychiatry. En el estudio participaron 34 cuidadores de pacientes con diagnóstico de trastorno bipolar siendo el 41% mujeres, con una media de 41 años, frente a otros 37 voluntarios.

Todos los participaron rellenaron un cuestionario estandarizado sobre ansiedad, el State and Trait Anxiety Inventory (STAIX I-II), otro sobre el temperamento denominado Temperament and Character Inventory (TCI), otro sobre la percepción sobre el estado de ánimo relacionado con la depresión, denominado Hamilton Depression Rating Scale (HDRS), a lo que se incluyó sus datos sociodemográficos.

Los resultados informan de significativas diferencias entre cuidadores y no cuidadores, mostrando los primeros elevados niveles en STAIX I-II, aspecto que como ya se conoce, la ansiedad mantenida en el tiempo va a ser causa de la aparición de forma anticipada de enfermedades psicosomáticas.

En el caso de la evaluación del estado de ánimo de la depresión, no existen diferencias significativas entre ambos grupos. Aunque el número de participante es reducido, los resultados son claros en la dirección de que cuidar y convivir con un paciente bipolar provoca un aumento significativo de ansiedad.

Los resultados deben ayudar a poner especial atención sobre los familiares y cuidadores de los pacientes con trastorno bipolar debido a los efectos nocivos que sobre su salud tiene esta labor. De ahí la importancia de contar con un grupo de apoyo a través de asociaciones especializadas en donde compartir sus temores, preocupaciones y dificultades, a la vez que se recibe el apoyo y cariño de sus miembros, los cuales sufren la misma situación en sus casas.

Como vemos el diagnóstico diferencial es fundamental, pero para llegar a este se ha de haber pasado por la fase previa de la entrevista clínica, donde se han observado una serie de síntomas que nos han podido hacer sospechar sobre el diagnóstico, el cual debe de ser corroborado por los resultados de la aplicación de los instrumentos de evaluación clínicos pertinentes.

Si los "indicios" no fueran suficientes o estos no estuvieran del todo claro se aplicaría una prueba "general" correspondiente a su edad, para empezar a explorar aquellos ámbitos donde la persona presentase problemas, para luego realizar un cuestionario o test específico para el trastorno detectado.

Por último, hay que tener en cuenta que la sintomatología presente puede provenir de diversas fuentes, ya sean estas médicas o psicológicas, de ahí la importancia de realizar el diagnóstico diferencial, para descartar otras explicaciones, e igualmente para detectar la presencia de otras psicopatologías que se pueden presentar en ese mismo momento.

Si las pruebas clínicas informan de la comorbilidad (convivencia) de dos o más patologías, es el profesional de la salud mental quien debe de priorizar la intervención, dando prioridad a aquella psicopatología que tenga sintomatología aguda y más disruptiva en la vida del paciente y de sus familiares; dejando para "más adelante" el tratamiento de las psicopatologías detectadas pero que no son tan acuciantes.

Esto ha de ser bien explicado a los pacientes, ya que puede que vengan a consulta por un problema y reciban el diagnóstico y tratamiento de otra psicopatología más grave de la que no se había percatado.

Conclusiones

El ámbito de estudio de la Psicología abarca a cualquier actividad humana, para comprender cómo se produce esta, y qué influencia puede tener esta en su vida, de ahí que se incluya una actividad cada vez más frecuente tanto en adultos como en jóvenes, el uso extendido e intensivo de Internet, especialmente en cuanto al manejo de las redes sociales.

Sobre Juan Moisés de la Serna

Es Doctor en Psicología, Master en Neurociencias y Biología del Comportamiento, y Especialista en Hipnosis Clínica, reconocido por el International Biographical Center (Cambridge - U.K.) como uno de los cien mejores profesionales de la salud del mundo del 2010. Desarrollando su labor docente en distintas universidades nacionales e internacionales.

Divulgador científico con participación en congresos, jornadas y seminarios; colaborador en diversos periódicos, medios digitales y programas de radio; autor del blog "Cátedra Abierta de Psicología y Neurociencias" y de diecisiete libros sobre diversas temáticas.

Actualmente desarrolla su labor de investigación en el ámbito del Big Data aplicado a la Salud, para lo cual trabaja con datos provenientes de la India, EE.UU. o Canadá entre otros; labor que complementa con la asesoría a Startups tecnológicas orientadas a la Psicología y el Bienestar personal.